Aldidente mini

Aldidente mini

Die 55 besten Rezepte
Rund ums Ei

Zusammengestellt von Betty Laube

🐝 Eichborn.

Die Rezepte sind, je nach Angabe, für 2 oder für 4 Personen berechnet.
Die Zutaten für die Rezepte sind in der Regel bei ALDI erhältlich. Manche Artikel
gibt es dort jedoch nur saisonal oder regional, gelegentlich auch unter abweichen-
den Markennamen. Ausgefallenere Zutaten bekommt man manchmal nur auf
dem Markt, in Feinkostgeschäften oder „gehobeneren" Lebensmittelläden.

1 2 3 4 05 04 03

© Eichborn AG, Frankfurt am Main, Juli 2003
Umschlagillustration: Uschi Heusel
Lektorat: Judith Schneider
Satz und Layout: Christiane Hahn
Druck und Bindung: Fuldaer Verlagsagentur, Fulda
ISBN 3-8218-4850-2

Verlagsverzeichnis schickt gern:
Eichborn Verlag, Kaiserstr. 66, 60329 Frankfurt
www.eichborn.de

Inhaltsverzeichnis

Vorspeisen/Suppen/Salate

Hauptgerichte

Süßspeisen

Spiegeleier

Beim Braten der Eier in der Pfanne ist es wichtig, darauf zu achten, dass das noch flüssige Eigelb mit einer glänzenden Haut überzogen ist. Daher kommt auch die Begriffserklärung „Spiegelei". Das Eiweiß sollte beim Braten fest werden und nicht mehr glibberig sein.

1. *Grundrezept*

·Pro Person nimmt man 2-3 Eier ·1 EL Butter sowie Pfeffer und Salz nach Geschmack

Die Butter wird in die schon heiße Pfanne gegeben. Sie muss schön zerlaufen, darf aber auf keinen Fall braun anlaufen. Dann schlagen Sie vorsichtig die Eier in die Pfanne und würzen nach Geschmack mit Salz und Pfeffer. Nach 4-5 Minuten ist die schnelle Mahlzeit fertig. Wem das nicht reicht, kann sich in den folgenden Rezepten Inspirationen für Eiervarianten holen.

2. Spiegeleier mit Speck und Pilzen

- 4-6 Eier
- 100 g durchwachsene Speckwürfel
- 2 EL Butter
- 200 g Pilze (je nach Jahreszeit und Geldbeutel: Champignons, Pfifferlinge, Maronen, Steinpilze)
- 1 Zwiebel
- 1 Pckg. TK-Petersilie
- Salz, Pfeffer

Für 2 Personen

Die Butter in der Pfanne zerlaufen lassen. Die klein geschnittene Zwiebel und die Speckwürfel in der Butter anbraten. In der Zwischenzeit die Pilze waschen und in dünne Scheiben schneiden, dann diese zu den Speck-Zwiebeln geben. Unter häufigem Rühren ca. 5 Minuten braten. Die Eier darüber aufschlagen, mit Salz und Pfeffer würzen und nochmals 5 Minuten garen lassen, bis die Eiweiß fest sind.

3. *Spiegeleier mit Käse*

- · 4-6 Eier
- · 2 EL Butter
- · 25 g geriebener Käse (am besten Parmesan)
- · 1 Zwiebel
- · Salz, Pfeffer

Für 2 Personen

Den Backofen auf 180-200 °C vorheizen.

Die Butter in der Pfanne oder in einer feuerfesten Form zerlaufen lassen. Die klein geschnittene Zwiebel in der Butter glasig dünsten. Die Eier darüber schlagen, Salz und Pfeffer zugeben und mit Käse bestreuen.

Dann die Pfanne zugedeckt für ca. 5 Minuten in den Ofen schieben.

4. Spiegeleier mit Kräutern und Schinken

- 4 Eier
- 2 EL Butter
- 4 Scheiben Frühstücksbacon (kann auch anderer Schinken sein)
- 1 Körbchen Kerbel
- 1/2 Bund glatte Petersilie
- 1/2 Bund Schnittlauch
- 1/2 Bund Dill
- Salz, Pfeffer

Für 2 Personen

Die Butter in der Pfanne zerlaufen lassen und die Schinkenscheiben darin bräunen. Die Kräuter waschen, klein hacken und auf dem Schinken gut verteilen. Mit Pfeffer und sehr wenig Salz würzen. Die Eier darüber aufschlagen, wenig würzen und garen, bis das Eiweiß fest ist.

5. Tortellini mit Spiegeleiern

- 2 El Butter
- 1 Pckg. Fertigtortellini
- 4 Eier
- 4 EL geriebener Käse
- 8 Basilikum-Blätter
- Salz, Pfeffer

Für 2 Personen

Die Tortellini nach Packungsanweisung zubereiten. In der Zwischenzeit in einer Pfanne die Butter zerlaufen lassen, die Eier hineinschlagen, mit Salz und Pfeffer würzen und mit den zerhackten Basilikumblättern bestreuen.

 10   SPIEGELEIER

Die Spiegeleier sind fertig, wenn das Eiweiß gestockt ist. Die fertigen Tortellini auf zwei Teller verteilen und je zwei Spiegeleier darüber legen. Mit dem Parmesan bestreuen und servieren.

6. *Spiegeleier de luxe*

- 4 Eier
- 250 g gekochte Kartoffeln
- 100 g Räucherlachs
- 1 saure Gurke
- 1 große Zwiebel
- 1 grüne Paprika
- 4 schwarze, entsteinte Oliven
- 4 EL Butter
- 1 Pckg. TK-Dill
- Salz, Pfeffer

Für 2 Personen

2 EL Butter in einer Pfanne erhitzen, die gewürfelte Zwiebel und Paprika darin andünsten und die in Scheiben geschnittenen Kartoffeln zugeben. Diese salzen, pfeffern und unter häufigem Wenden anbraten lassen. Die gehackten Oliven, die gewürfelte Gurke und den klein geschnittenen Lachs unter die Kartoffeln heben und mitdünsten lassen. In einer zweiten Pfanne die restliche Butter zerlaufen lassen und die Eier einschlagen. Mit Salz und Pfeffer würzen, mit 1 TL Dill bestreuen und das Eiweiß stocken lassen.

Die Bratkartoffeln auf zwei Teller verteilen und darüber je zwei Spiegeleier geben. Mit der heißen Butter aus der Pfanne übergießen und servieren.

7. *English breakfast*

- 4 Scheiben Toastbrot, geröstet
- 2 große Tomaten
- 8 Scheiben Schinkenspeck/Bacon oder
- 8 Rostbratwürstchen
- 8-12 Eier
- 2 EL Butter oder Öl
- Salz, Pfeffer

Für 4 Personen

Man benötigt zwei Bratpfannen. In der ersten werden zunächst die Schinkenspeck-Scheiben kross bzw. die Rostbratwürstchen braun gebraten und auf die Teller gegeben. (Man kann sie auch im Backofen warm halten.) Danach werden in derselben Pfanne die in Scheiben geschnittenen Tomaten angedünstet (ca. 5 Minuten bei schwacher Hitze). In der zweiten Pfanne werden währenddessen pro Person 2-3 Spiegeleier nach dem Grundrezept zubereitet. Gleichzeitig werden die Toastscheiben im Toaster geröstet. Dann gibt man auf jeden Teller eine Toastscheibe, darauf zwei Tomatenscheiben und zwei Scheiben Speck bzw. zwei Rostbratwürstchen und darüber die Spiegeleier.

Rühreier

Wenn es mal besonders schnell gehen soll, reicht es natürlich, ein paar Eier in die heiße, gefettete Pfanne zu schlagen, zu rühren und mit Salz und Pfeffer zu würzen. Wenn die Rühreier aber besonders lecker werden sollen, müssen Sie ein wenig mehr Aufwand betreiben.

8. *Grundrezept*

Pro Person nimmt man in der Regel
- **2 Eier**
- **1 EL Butter**
- **2 EL Milch**
- **Pfeffer und Salz nach Geschmack**

Während die Butter in der Pfanne mäßig erhitzt wird, werden die Eier in einer Schüssel aufgeschlagen. Pro Ei gibt man einen Esslöffel Milch dazu. Dann verrührt man das Ganze mit einer Prise Salz. Wenn man es cremig wünscht, kann man pro Ei noch einen halben Teelöffel Butter einrühren. Nachdem man die schon verrührten Eier in die Pfanne gibt, rührt man sie nicht mehr kräftig um, sondern hebt die gestockte Masse mit einem breiten Holzlöffel um. Würzen kann man Rühreier außer mit Salz und Pfeffer auch mit frischen Kräutern. Für die Feinschmecker, die es noch delikater wünschen, sind die nachfolgenden Rezepte geeignet.

9. Rühreier mit Stangensellerie und Speck

· 4 Eier
· 2 EL Butter
· 4 EL Milch
· 2 Stangen Staudensellerie
· 80 g gewürfelter Speck
· 50 g geriebener Parmesan
· Salz, Pfeffer

Für 2 Personen

Die Eier werden in eine Schüssel geschlagen, die Milch dazugegeben, mit Salz und Pfeffer gewürzt und vorsichtig verrührt. Die beiden Stangen vom Staudensellerie werden gewaschen und in kleine Stücke geschnitten. In der Pfanne wird die Butter erhitzt und der Speck ausgelassen.

Die Selleriestücke gibt man dazu, wenn der Speck anfängt, glasig zu werden. Sellerie und Speck müssen ca. 5 Minuten unter ständigem Rühren mit einem Kochlöffel anbraten. Dann übergießt man den Sellerie-Speck mit der Eimischung und lässt sie stocken. Wenn das Rührei fertig ist, portioniert man es auf zwei Teller und streut den Parmesan darüber.

10. *Rühreier mit Lachs*

· 4 Eier
· 2 EL Butter
· 4 EL Milch
· 100 g geräucherter Lachs
· 1 Zwiebel
· 1 EL gehackter Dill
· Salz, Pfeffer

(Für 2 Personen)

Die Eier werden in eine Schüssel geschlagen, die Milch dazugegeben, mit Salz und Pfeffer gewürzt und vorsichtig mit dem Dill verrührt.

Die Zwiebel schälen, hacken und in der Butter glasig dünsten. In der Zwischenzeit den Räucherlachs klein schneiden und zu der Zwiebel in die Pfanne geben. Sofort danach die Eimischung darüber gießen und vorsichtig mit einem Holzlöffel vermengen.

Die Eimasse stocken lassen und auf kräftigem Schwarzbrot servieren.

11. *Rühreier mit Spargel und Kochschinken*

- 4 Eier
- 2 EL Butter
- 4 EL Milch
- 1 kleines Glas Spargel
- 2 Scheiben Kochschinken
- 1 EL gehackte Petersilie
- Salz, Pfeffer

(Für 2 Personen)

Die Eier werden in eine Schüssel geschlagen, die Milch dazugegeben, mit Salz und Pfeffer gewürzt und vorsichtig mit der Petersilie verrührt. Die Butter wird in der heißen Pfanne ausgelassen. In der Zwischenzeit schneidet man die Spargel-stangen in kleine Stücke. Den ebenfalls klein geschnittenen Kochschinken gibt man zuerst in die Pfanne und lässt ihn knusprig anbraten. Dann werden die Spargelspitzen dazugegeben und kurz im Fett geschwenkt. Zum Schluss die Eimischung da-rüber gießen, ein paar Mal vorsichtig wenden und stocken lassen.

12. *Rühreier mit Geflügelleber*

- 4 Eier
- 2 EL Butter
- 4 EL Milch
- 1 Zwiebel
- 1 Knoblauchzehe
- 2 Tomaten
- 1/2 gelbe Paprika
- 150 g Geflügelleber
- 1 EL gehackte Petersilie
- Salz, Pfeffer

(Für 2 Personen)

Die Eier werden in eine Schüssel geschlagen, die Milch dazugegeben, mit Salz und Pfeffer gewürzt und vorsichtig mit der Petersilie verrührt. Die Butter wird in der heißen Pfanne ausgelassen. Die Zwiebel pellen und hacken und mit der zerdrückten Knoblauchzehe in die Pfanne geben. Die Paprika klein schneiden und mit anbraten lassen. Die Geflügelleber und die Tomaten waschen und in kleine Stücke schneiden. Wenn die Zwiebeln glasig sind, die Leber und die Tomaten dazugeben und nochmals alles mit Salz und Pfeffer würzen. Nach ca. 2 Minuten die Eimischung darüber gießen und stocken lassen.

Wer vom Knoblauch noch nicht genug hat, isst frisches Knoblauchbutterbrot dazu.

13. *Kinder-Rühreier*

- **4 Eier**
- **2 EL Butter**
- **4 EL Milch**
- **4 Wiener Würstchen**
- **1 kleine Dose junge Erbsen**
- **75 g geriebener Käse**
- **Salz, Pfeffer**
- **Ketchup**

(Für 2 Personen)

Den Backofen auf 200 °C erhitzen.

Die Eier werden in eine Schüssel geschlagen. Die Milch dazugeben, mit Salz und Pfeffer würzen und mit den Erbsen verrühren. Die Butter in der heißen Pfanne auslassen. Die in dünne Scheiben geschnittenen Würstchen darin anbraten, danach die Eimischung darüber gießen und gerinnen lassen. Nach vor dem Stocken vom Feuer nehmen, den Käse darüber streuen und für ca. 5 Minuten in den Backofen stellen.

Und was gehört für Kinder unbedingt dazu? Natürlich Ketchup!

14. *Der Klassiker*

- **4 Eier**
- **2 EL Butter**
- **4 EL Milch**
- **100 g gewürfelter Speck**
- **1 Zwiebel**
- **1 EL gehackter Schnittlauch**
- **Salz, Pfeffer**

(Für 2 Personen)

Die Eier werden in eine Schüssel geschlagen, die Milch dazugegeben, mit Salz und Pfeffer gewürzt und mit dem Schnittlauch verrührt. Die Speckwürfel und die klein gehackte Zwiebel in die erhitzte Pfanne geben und in der Butter anbraten. Danach die Eimischung darüber gießen, noch ein paar Mal mit dem Holzlöffel wenden und stocken lassen.

15. *Rühreier mit Pfifferlingen*

- · 4 Eier
- · 2 EL Butter
- · 4 EL Milch
- · 50 g gewürfelter Speck
- · 250 g Pfifferlinge
- · 1 Zwiebel
- · 1 EL gehackter Schnittlauch
- · 50 g geriebener Parmesan
- · Salz, Pfeffer

(Für 2 Personen)

Die Eier werden in eine Schüssel geschlagen, die Milch dazugegeben, mit Salz und Pfeffer gewürzt und mit dem Schnittlauch verrührt. In der heißen Pfanne werden der Speck und die klein geschnittene Zwiebel in der Butter ausgelassen. Danach die geputzten und eventuell kleiner geschnittenen Pilze zugeben und noch mal pfeffern. Wenn sich Pilz-Saft in der Pfanne gebildet hat, die Eimischung dazugeben. Noch einmal vorsichtig wenden und stocken lassen.

Wer es mag, kann vor dem Servieren etwas geriebenen Parmesan darüber streuen.

16. *Rühreier „Gärtnerinnen Art"*

- 5 Eier
- 2 EL Butter
- 5 EL Milch
- 1 EL gehackte Petersilie
- 1 EL gehackter Dill
- 1 EL gehackter Schnittlauch
- 1 EL gehackte Kresse
- 1 EL gehacktes Basilikum
- 1 Zwiebel
- 2 Stangen Staudensellerie
- Salz, Pfeffer

(Für 2 Personen)

Die Eier werden in eine Schüssel geschlagen, die Milch dazugegeben, mit Salz und Pfeffer gewürzt und mit den Kräutern verrührt. Die Zwiebel muss geschält und klein geschnitten werden. Den Staudensellerie waschen und in dünne Streifen schneiden. Zwiebel und Sellerie in die Pfanne geben, in der die Butter erhitzt wurde, und darin dünsten. Dabei öfter umrühren.

Nach 5-7 Minuten die Kräuter-Ei-Mischung in die Pfanne gießen und vorsichtig die Zwiebeln und Selleriestücke unter die Rühreier heben. Das Umrühren noch mehrmals wiederholen, damit die Kräuter beim Braten nicht braun werden.

Dazu schmeckt ein knackiger Salat und frisches Baguette.

Omelette

Ein Omelette ist eine etwas nahrhaftere Ange-
legenheit als die vorangehend beschriebenen
Mahlzeiten. Bei der Wahl der Pfanne sollte man
darauf achten, eine anti-haft-beschichtete zu nehmen, damit die Omelettes nicht anbraten. Außerdem sollte sie nicht zu klein sein, damit nur der
Boden mit der Eimasse bedeckt ist und gleich-
mäßig beim Braten stocken kann.

17. *Grundrezept*

- **6 Eier**
- **20 g Butter**
- **1 EL Butter zum Einfetten der Pfanne**
- **2 EL Milch**
- **Salz, Pfeffer**

(Für 2 Personen)

Die Zubereitung ist ähnlich wie beim Rührei: Die
Eier werden in einer Schüssel aufgeschlagen, die
Milch zugegeben, mit Salz und Pfeffer gewürzt und
die Butter in kleinen Stücken untergerührt. Dann
die Eimasse in die gefettete und mäßig erhitzte
Pfanne geben.

Die Zubereitung eines Omelettes erfordert ein wenig Übung. Nach kurzer Zeit muss das Omelette in der Pfanne geschüttelt werden, dann kippt man die Pfanne ein wenig an, so dass die dem Körper zugewandte Seite nach oben zeigt. Nun müsste das Omelette eigentlich nach unten rutschen. Bei einer gut gefetteten Pfanne dürfte das kein Problem sein! Wenn das nicht passiert, helfen Sie ein bisschen mit einem breiten Kochlöffel nach. Mit einer Gabel klappt man nun das Omelette auf die Hälfte zusammen. Etwas zusammenfallen lassen und mit der umgekehrten Seite auf einem Teller servieren.

18. *Pilz-Omelette*

- 6 Eier
- 20 g Butter
- 1 EL Butter zum Einfetten der Pfanne
- 2 EL Milch
- 250 g Champignons (wer's edler mag: Pfifferlinge, Steinpilze oder Maronen)
- 1 große Zwiebel
- 80 g Speckwürfel
- 2 EL Schnittlauchröllchen
- 50 g geriebener Käse
- Salz, Pfeffer

(Für 2 Personen)

Die Eier werden in einer Schüssel aufgeschlagen, die Milch zugegeben, mit Salz und Pfeffer gewürzt, die Butter in kleinen Stücken und die Schnittlauchröllchen untergerührt. Die Pilze putzen und vierteln. Die Zwiebeln schälen und würfeln. Die Pfanne mäßig erhitzen und einfetten. Die Zwiebeln und den Speck darin auslassen und die Pilze darin anbraten. Die Eimasse darüber gießen. Nach kurzer Zeit muss das Omelette in der Pfanne geschüttelt werden, dann kippt man die Pfanne ein wenig an, so dass die dem Körper zugewandte Seite nach oben zeigt. Nun müsste das Omelette eigentlich nach unten rutschen. Bei einer gut gefetteten Pfanne dürfte das kein Problem sein! Wenn das nicht passiert, helfen Sie ein bisschen mit einem breiten Kochlöffel nach. Mit einer Gabel klappt man nun das Omelette auf die Hälfte zusammen. Etwas zusammenfallen lassen und mit der umgekehrten Seite auf einem Teller mit dem Käse bestreut servieren.

19. Omelette mit Spargel und Shrimps

- 6 Eier
- 20 g Butter
- 1 EL Butter zum Einfetten der Pfanne
- 2 EL Milch
- 2 EL gehackte Kresse oder Petersilie
- 1 Glas eingelegter Spargel
- 100 g Shrimps
- 1 EL Worcestersauce
- Muskat
- Salz, Pfeffer

(Für 2 Personen)

Die Eier werden in einer Schüssel aufgeschlagen, die Milch zugegeben, mit Salz und Pfeffer gewürzt, die Butter in kleinen Stücken und die Kresse untergerührt. Die Spargelstangen in 2 cm lange Stücke schneiden und in der gefetteten Pfanne 2 Minuten dünsten. Die gewaschenen Shrimps kurz dazugeben und gut umrühren. Dann die Eimasse darüber geben und mit Muskat und Worcestersauce würzen. Nach kurzer Zeit muss das Omelette in der Pfanne geschüttelt werden, dann kippt man die Pfanne ein wenig an, so dass die dem Körper zugewandte Seite nach oben zeigt. Nun müsste das Omelette eigentlich nach unten rutschen. Bei einer gut gefetteten Pfanne dürfte das kein Problem sein! Wenn das nicht passiert, helfen Sie ein bisschen mit einem breiten Kochlöffel nach. Mit einer Gabel klappt man nun das Omelette auf die Hälfte zusammen. Etwas zusammenfallen lassen und mit der umgekehrten Seite auf einem Teller servieren.

20. Deftiges Omelette mit Wurst und Speck

- 6 Eier
- 20 g Butter
- 1 EL Butter zum Einfetten der Pfanne
- 2 EL Milch
- 75 g Speckwürfel
- 3 gekochte Kartoffeln
- 1 große Zwiebel
- 150 g Fleischwurst (noch besser ist Blut- oder Rotwurst)
- 2 EL Schnittlauchröllchen
- Majoran
- Salz, Pfeffer

(Für 2 Personen)

Die Eier werden in einer Schüssel aufgeschlagen, die Milch zugegeben, mit Salz und Pfeffer gewürzt, die Butter in kleinen Stücken und die Schnittlauchröllchen untergerührt.

In der gefetteten Pfanne werden die geschälte und gewürfelte Zwiebel, die in Würfel geschnittenen Kartoffeln und der Speck ausgelassen. Die Wurst klein schneiden, in die Pfanne geben und alles mit Majoran würzen. Dann die Eimasse darüber geben. Nach kurzer Zeit muss das Omelette in der Pfanne geschüttelt werden, dann kippt man die Pfanne ein wenig an, so dass die dem Körper zugewandte Seite nach oben zeigt. Nun müsste das Omelette eigentlich nach unten rutschen. Bei einer gut gefetteten Pfanne dürfte das kein Problem sein! Wenn das nicht passiert, helfen Sie ein bisschen mit einem breiten Kochlöffel nach. Mit einer Gabel klappt man nun das Omelette auf die Hälfte zusammen. Etwas zusammenfallen lassen und mit der umgekehrten Seite auf einem Teller servieren.

21. Omelette mit Auberginen und Tomaten

- 6 Eier
- 20 g Butter
- 1 EL Butter zum Einfetten der Pfanne
- 2 EL Milch
- 1 kleine Aubergine
- 1 kleine Dose geschälte Tomaten
- Oregano
- Salz, Pfeffer

(Für 2 Personen)

Die Aubergine in 1 cm dicke Scheiben schneiden, auf Küchenpapier legen und mit Salz bestreuen. Nach einer halben bis ganzen Stunde müsste die Aubergine ihre Flüssigkeit verloren haben. Die Eier werden in einer Schüssel aufgeschlagen, die Milch zugegeben, mit Salz und Pfeffer gewürzt, die Butter in kleinen Stücken untergerührt. In die gefettete Pfanne werden die Auberginenscheiben gelegt und angebraten. Dazu kommen 2-3 in Stücke geschnittene Tomaten. Mit Salz, Pfeffer und vor allen Dingen Oregano würzen. Dann die Eimasse darüber geben. Nach kurzer Zeit muss das Omelette in der Pfanne geschüttelt werden, dann kippt man die Pfanne ein wenig an, so dass die dem Körper zugewandte Seite nach oben zeigt. Nun müsste das Omelette eigentlich nach unten rutschen. Bei einer gut gefetteten Pfanne dürfte das kein Problem sein! Wenn das nicht passiert, helfen Sie ein bisschen mit einem breiten Kochlöffel nach. Mit einer Gabel klappt man nun das Omelette auf die Hälfte zusammen. Etwas zusammenfallen lassen und mit der umgekehrten Seite auf einem Teller servieren.

22. *Chinesisches Omelette*

· 6 Eier
· 20 g Butter
· 1 EL Butter zum
Einfetten der Pfanne
· 2 EL Milch
· 1/2 rote Paprika
· 1/2 grüne Paprika
· 1 Stange Lauch
· 100 g Austernpilze
(Champignons tun es
auch!)
· 1 kleine Dose junge
Erbsen
· 1 EL Sojasauce
· Pfeffer, Chinagewürz
zum Streuen
· Und wer es scharf mag:
1/2 TL Sambal Oelek

(Für 2 Personen)

Die beiden Paprikahälften und den Lauch waschen und in dünne Streifen schneiden. Das Wasser von den Erbsen abgießen. Die Pilze waschen und klein schneiden. Die Eier werden in einer Schüssel aufgeschlagen, die Milch zugegeben, mit Sojasauce, Chinagewürz und Pfeffer gewürzt, die Butter in kleinen Stücken untergerührt. In der gefetteten Pfanne werden zuerst die Paprika und der Lauch gedünstet. Dann gibt man die Pilze und die Erbsen dazu. Zum Schluss wird die Eimasse über das Gemüse gegossen. Wer es scharf mag, gibt noch ein wenig Sambal Oelek dazu und rührt noch einmal um. Nach kurzer Zeit muss das Omelette in der Pfanne geschüttelt werden, dann kippt man die Pfanne ein wenig an, so dass die dem Körper zugewandte Seite nach oben zeigt. Nun müsste das Omelette eigentlich nach unten rutschen. Bei einer gut gefetteten Pfanne dürfte das kein Problem sein! Wenn das nicht passiert, helfen Sie ein bisschen mit einem breiten Kochlöffel nach. Mit einer Gabel klappt man nun das Omelette auf die Hälfte zusammen.

Etwas zusammenfallen lassen und mit der umgekehrten Seite auf einem Teller servieren.

23. *Kräuter-Käse-Omelette*

(Für 2 Personen)

· 6 Eier
· 20 g Butter
1 EL Butter zum Einfetten der Pfanne
· 2 EL Milch
· 1 TL gehackte Petersilie
1 TL Schnittlauchröllchen
1 TL gehacktes Basilikum
· 1 EL Worcestersauce
· 100 g geriebener Käse
(Emmentaler oder Gouda)
· 4 Scheiben Schwarzbrot
· Kümmel
· Salz, Pfeffer

Die Eier werden in einer Schüssel aufgeschlagen, die Milch zugegeben, mit Salz, Pfeffer und etwas Kümmel gewürzt und die Butter in kleinen Stücken, die Kräuter, die Worcestersauce und der Käse untergemischt. Die Eimischung in die gefettete Pfanne geben und stocken lassen. Nach kurzer Zeit muss das Omelette in der Pfanne geschüttelt werden, dann kippt man die Pfanne ein wenig an, so dass die dem Körper zugewandte Seite nach oben zeigt. Nun müsste das Omelette eigentlich nach unten rutschen. Bei einer gut gefetteten Pfanne dürfte das kein Problem sein! Wenn das nicht passiert, helfen Sie ein bisschen mit einem breiten Kochlöffel nach. Mit einer Gabel klappt man nun das Omelette auf die Hälfte zusammen. Etwas zusammenfallen lassen und mit der umgekehrten Seite auf geröstetem Schwarzbrot servieren.

24. *Omelette à la Reste*

- **6 Eier**
- **20 g Butter**
- **1 EL Butter zum Einfetten der Pfanne**
- **2 EL Milch**
- **200 g Braten-, Schinken-, Wurstreste**
- **300 g Gemüsereste (nicht zu verkocht)**
- **1 Zwiebel**
- **1 Knoblauchzehe**
- **1 EL gehackte Petersilie**
- **Salz, Pfeffer**

(Für 2 Personen)

Die Fleisch- oder Wurstreste in kleine Stücke teilen. Das Gemüse ebenfalls klein schneiden und mit den Fleischresten mischen. Die Zwiebel und den Knoblauch schälen und klein hacken. Die Eier werden in einer Schüssel aufgeschlagen, die Milch zugegeben, mit Salz und Pfeffer gewürzt, die Butter in kleinen Stücken und die Petersilie untergerührt. In eine gefettete Pfanne wird zuerst die Zwiebel glasig gedünstet, die Fleisch-Gemüse-Mischung zugegeben und kurz unter ständigem Rühren angebraten. Vorsichtig salzen und pfeffern. Dann die Eier über die Reste geben und stocken lassen. Nach kurzer Zeit muss das Omelette in der Pfanne geschüttelt werden, dann kippt man die Pfanne ein wenig an, so dass die dem Körper zugewandte Seite nach oben zeigt. Nun müsste das Omelette eigentlich nach unten rutschen. Bei einer gut gefetteten Pfanne dürfte das kein Problem sein! Wenn das nicht passiert, helfen Sie ein bisschen mit einem breiten Kochlöffel nach.

Mit einer Gabel klappt man nun das Omelette auf die Hälfte zusammen. Etwas zusammenfallen lassen und mit der umgekehrten Seite servieren.

Pfannkuchen – Eierkuchen – Crêpe:

Jeder dieser Begriffe steht für die gleiche Zubereitung dieser Köstlichkeit. Aus Kindertagen kennen wir sicher die süße Variante, die mal mit Apfelmus, Marmelade, Zimt-Zucker und, wenn Mama es erlaubte, dick mit Nutella bestrichen in Unmengen vertilgt wurde. Auch im Erwachsenendasein sind die süßen Pfannkuchen die Klassiker der Eierküche. Nachfolgend sind jedoch für diejenigen, denen die Zuckerzufuhr für den Tag bereits reicht, auch ein paar einfache herzhafte Alternativen beschrieben.

Auch das Grundrezept birgt mehrere Möglichkeiten. Jeder „Pfannkuchen-Koch" wird Ihnen ein anderes Grundrezept nennen. Ich berufe mich hier auf meine Mama, und die muss es bei drei in-gigantischen-Mengen-verschlingenden-Pfannkuchen-Kindern ja wissen!

Denken Sie auch daran: Das Zubereitung ist ein selbstloses Unternehmen. Sie stehen unermüdlich am Herd und braten Dutzende von Pfannkuchen, während die anderen futtern!

25. *Grundrezept*

- **4 Eier**
- **250 g Weizenmehl**
- **1/2 l Milch**
- **1 Prise Salz**
- **Butter zum Einfetten der Pfanne**

Eier, Milch und Salz mit einem Handmixer verrühren, nach und nach das Mehl zugeben und zu einem dünnflüssigen Teig ohne Klümpchen verrühren. 5-10 Minuten stehen lassen, damit das Mehl quellen kann. Inzwischen einen EL Butter in die Pfanne geben, und sie darin schwenken, damit die Butter sich gut verteilt. Der Boden der Pfanne darf aber nur glänzen. Mit einer Kelle so viel Teig hinein geben und durch Schwenken der Pfanne so verteilen, dass der Boden bedeckt ist. Bei mittlerer Hitze den Pfannkuchen backen, bis die Ränder goldbraun sind. Das Wenden erfordert etwas Geschick. Aber Übung macht den Meister! Wenn nötig, vor dem Backen der zweiten Seite eventuell noch etwas Fett zugeben. Wenn auch diese Seite goldbraun ist, den Pfannkuchen auf einem Teller servieren und je nach Vorliebe mit Zimt-Zucker bestreuen oder mit Apfelmus, Marmelade oder was Ihr Vorrat hergibt bestreichen. Mit dem übrigen Teig wird genauso verfahren.

26. *Apfelpfannkuchen*

· 4 Eier
· 2 säuerliche Äpfel
· 2 EL Rosinen
· 50 g Zimt-Zucker
· 1 EL Calvados (für Kinder natürlich weglassen!)
· 1/4 l Milch
· 125 g Mehl
· 1 Prise Salz
· Butter zum Einfetten der Pfanne

(Für 2 Personen)

Zuerst die Äpfel schälen, entkernen und in dünne Streifen schneiden. Wenn Sie die Pfannkuchen für Erwachsene zubereiten, kann man etwas Calvados über die Äpfel geben. Dann mit den Rosinen und dem Zimt-Zucker bestreut ziehen lassen.

Inzwischen wird ein Teig aus den Eigelb, Milch, Mehl und der Prise Salz gerührt. Die Eiweiß werden steif geschlagen und unter die Eimasse gehoben. Dann vorsichtig die Apfelstreifen untermischen. In die gefettete Pfanne wird ein Viertel des Teiges gegeben und ca. 5-8 Minuten bei mittlerer Hitze gebraten, bis er auf beiden Seiten goldbraun ist.

27. *Kirschpfannkuchen*

- 2 Eier
- 75 g Mehl
- 150 ml Milch
- 1 Glas Schattenmorellen
- 150 g Schlagsahne
- 1/2 TL Zimt
- 1/2 Pckg. Vanillezucker
- 30 g Mandelblättchen
- 1 Prise Salz
- Butter zum Einfetten

(Für 2 Personen)

Die Schattenmorellen gut abtropfen lassen.

Die Eigelb mit Milch, Mehl, Zimt und der Prise Salz verrühren. Die Eiweiß mit dem Vanillezucker steif schlagen und unter die Eigelbmasse heben. Die sehr gut abgetropften Schattenmorellen vorsichtig zugeben. In die eingefettete Pfanne ein Viertel des Teiges geben und von beiden Seiten goldbraun braten. In der Zwischenzeit die Schlagsahne schlagen und auf die mit den Mandelblättchen bestreuten Pfannkuchen geben. Mit dem restlichen Teig genauso verfahren.

28. *Kaiserschmarren*

- 4 Eier
- 50 g Zucker
- 2 EL Rum
- 2 EL Rosinen
- 1/2 l Milch
- 1 Gläschen Vanillearoma
- 150 g Mehl
- 1 Prise Salz
- Butter zum Einfetten
- Puderzucker zum Bestreuen
- 1 Glas Apfelmus

(Für 2 Personen)

Die Rosinen mit dem Rum begießen und mindestens 1 Stunde ziehen lassen. Die Eigelb mit Zucker, Milch, Vanillearoma und Salz dickflüssig verrühren. Nach und nach das Mehl und die Rosinen unterrühren. Die Eiweiß zu festem Schnee schlagen und unter die Eigelbmischung heben. In die gefettete Pfanne die Hälfte des Teiges geben und von beiden Seiten bei mittlerer Hitze ca. 6-8 Minuten braten, bis der Pfannkuchen goldbraun ist.

Auf einen vorgewärmten Teller geben und mit zwei Gabeln in Stücke zerreißen. Mit der anderen Hälfte des Teiges genauso verfahren. Dann alle Stücke wieder in die Pfanne geben und nochmals ca. 2 Minuten unter ständigem Wenden braten. Auf Tellern mit reichlich Puderzucker servieren. Dazu passt Apfelmus oder ein anderes Kompott.

29. *Speckpfannkuchen*

- **· 4 Eier**
- **· 250 g Mehl**
- **· 1/2 l Milch**
- **· 1 große Zwiebel**
- **· 1 rote Paprika**
- **· 200 g Speckwürfel**
- **· 2 EL Schnittlauchröllchen**
- **· Salz, Pfeffer**
- **· Butter zum Einfetten**

(Für 2 Personen)

Den Ofen auf 200 °C erhitzen.

Die Zwiebel schälen, die Paprika waschen, beides in kleine Würfel schneiden und zusammen mit dem Speck in einer mit Butter ausgefetteten Pfanne anbraten und pfeffern. Die Masse in eine Schüssel geben. Die Eier mit Milch, Mehl und Salz verrühren. In der Pfanne Butter erhitzen und zuerst ein Viertel der Speck-Zwiebel-Paprika-Mischung hineingeben, dann mit einem Viertel des Eiteiges auffüllen und fest werden lassen. Den Pfannkuchen in eine feuerfeste Form geben und noch mal 5 Minuten im Backofen backen.

Mit Schnittlauchröllchen bestreut servieren.

30. *Eierkuchen mit Pilzen*

- 4 Eier
- 200 g Mehl
- 500 g Champignons oder andere Pilze
- 100 g Speck
- 2 Zwiebeln
- 125 ml Sahne
- 2 EL gehackte Petersilie
- 100 g geriebener Käse
- Salz, Pfeffer
- Butter zum Einfetten

(Für 2 Personen)

Den Backofen auf 200 °C vorheizen.

Zuerst wird die Füllung zubereitet. Dazu die Pilze gründlich putzen, halbieren und in Scheiben schneiden. Die Zwiebeln schälen und würfeln. In einer gefetteten Pfanne den klein geschnittenen Speck auslassen, pfeffern und zusammen mit den Zwiebeln glasig braten. Die Sahne und die Petersilie zugeben und unterrühren. Alles zusammen ca. 5 Minuten köcheln lassen, dabei nochmals mit Salz und Pfeffer abschmecken.

Für die Pfannkuchen die Eier mit Mehl und Salz zu einem glatten Teig verrühren. In einer gefetteten Pfanne je ein Viertel des Teiges hineingeben und von beiden Seiten goldbraun backen. Aus der Pfanne nehmen, mit der Pilzfüllung bestreichen und den Pfannkuchen einrollen. Nebeneinander in eine feuerfeste Form legen, mit dem geriebenen Käse bestreuen und ca. 8-10 Minuten überbacken.

31. *Spinateierkuchen*

· 4 Eier
· 150 g Mehl
· 375 ml Milch
· 250 g TK-Blattspinat
· 100 g geriebener Käse
· 2 EL Schnittlauchröllchen
· 1/2 TL geriebener Muskat
· Salz, Pfeffer
· Butter zum Einfetten

(Für 2 Personen)

Den TK-Blattspinat rechtzeitig auftauen, gut abtropfen lassen und vor dem Weiterverarbeiten fest ausdrücken. Die Eigelb zusammen mit Milch, Mehl und Salz zu einem glatten Teig verrühren. Die Eiweiß steif schlagen und unter die Eigelbmasse geben. Jetzt den gut ausgedrückten Spinat unter die Eimischung heben und mit Salz, Pfeffer und Muskat würzen. Ein Viertel des Teigs in die gefettete Pfanne geben und von beiden Seiten gut ausbacken. Dann auf einen vorgewärmten Teller geben, mit dem geriebenen Käse bestreuen, zusammenrollen und mit Schnittlauchröllchen bestreut servieren.

32. *Griechische Pfannkuchen*

·3 Eier
·60 g Mehl
·70 ml Milch
·25 g weiche Butter
·je 1 rote, gelbe, grüne Paprika
·1 große Zwiebel
·2 Knoblauchzehen
·3 EL Olivenöl
·1 Pckg. Feta (Schafskäse)
·1 EL gehackter Dill
·1 EL gehackte Petersilie
·1 EL Schnittlauchröllchen
·125 ml Sahne
·15 ml Joghurt
·Butter zum Einfetten
·Paprikapulver
·Salz, Pfeffer

(Für 2 Personen)

Den Backofen auf 200 °C vorheizen.

Die Paprikaschoten waschen, putzen und in schmale Streifen schneiden. Die Zwiebeln und den Knoblauch schälen und sehr fein würfeln. In einer mit dem Olivenöl gefetteten Pfanne das Gemüse unter ständigem Wenden dünsten, bis es gar ist. Inzwischen Mehl, 2 Eier, Milch und die weiche Butter zu einem glatten Teig verrühren und mit Salz und Pfeffer würzen. Butter in eine Pfanne geben und aus dem Teig vier Pfannkuchen backen. Wenn das Gemüse gar ist, vom Herd nehmen, die Hälfte des Feta zerbröckeln und zusammen mit dem Dill und der Petersilie unter das noch warme Gemüse mischen, damit der Schafskäse leicht schmelzen kann.

Mit der Gemüsefüllung die Pfannkuchen bestreichen und zusammenrollen. In eine mit Butter eingefettete feuerfeste Form die eingerollten Pfannkuchen geben. Für die Sauce wird die andere Hälfte des Käses zerbröckelt und zusammen mit dem restlichen Ei, der Sahne und dem Joghurt verrührt. Mit Salz, Pfeffer und Paprika würzen und die Schnittlauchröllchen untermischen. Die Sauce über die Pfannkuchen gießen und ca. 15 Minuten im Backofen überbacken.

Vorspeisen, Suppen und Salate

aus Eiern sind nahrhafte Gerichte. Eier lassen sich außerdem mit fast allen Zutaten kombinieren. So treffen Sie z.B. bei einem Vorspeisenbuffet jeden Geschmack Ihrer Gäste. Und wenn Sie einmal zu viele Eier im Kühlschrank haben, finden Sie hier Rezepte, wie Sie diese zu vielen leckeren Speisen verarbeiten können.

33. *Soleier*

· **12 Eier**
· **Schalen von 3 Gemüsezwiebeln**
· **50 g Salz**
· **1/2 TL Zucker**
· **2 Lorbeerblätter**
· **1 Chilischote**
· **2 TL Senfkörner**
· **1 TL Pfefferkörner**

(Für 4 Personen)

Diese Eier eignen sich hervorragend für ein Party-Buffet, sind schnell zubereitet und können ca. 8 Tage in der Sole aufbewahrt werden. In einem Topf mit ca. einem Liter Wasser werden das Salz, der Zucker und die Zwiebelschalen 5 Minuten sprudelnd gekocht. Dann die Zwiebelschale entfernen, mit der Chilischote, Senf- und Pfefferkörnern und Lorbeerblättern noch einmal kurz aufkochen und danach die Sole gut abkühlen lassen.

Die 12 Eier in kochendem Wasser ca. 10 Minuten hart kochen und mit kaltem Wasser abschrecken. Die gesamte Eierschale leicht eindrücken (nicht pellen!). In einem großen Glas werden die Eier mit der Salzlösung übergossen. Dort müssen die Eier vor dem Verzehr mindestens 24 Stunden ziehen. Vor dem Servieren werden die Eier gepellt, der Länge nach halbiert und das Eigelb vorsichtig herausgehoben. Die Eiweißhälften kann man ganz nach Geschmack mit Senf, Essig und Öl, Paprika, Sardellenpaste würzen und dann das Eigelb umgekehrt wieder draufsetzen.

34. *Eier mit Tomatenfüllung*

· 6 Eier
· 100 g Frischkäse
· 25 g Butter
· 1 Tomate
· 1/2 Zwiebel
· 1/2 EL Schnittlauchröllchen
· 60 g Kopfsalat
· 6 EL Kresse
· Pfeffer, Salz

(Für 4 Personen)

Die Eier in sprudelndem Wasser ca. 10 Minuten hart kochen, abschrecken und abkühlen lassen. Dann halbieren und die Eigelb durch ein grobes Metallsieb in eine Schüssel drücken. Mit weicher Butter, Frischkäse, Pfeffer und Salz zu einer geschmeidigen Creme verrühren. Im Kühlschrank ein paar Minuten kalt stellen. Inzwischen die Tomate einritzen und mit kochendem Wasser überbrühen. Die Schale abziehen, Kerne entfernen und die Tomate in kleine Würfel schneiden. Die Zwiebel fein würfeln und mit Tomaten und Schnittlauch mischen. Mit Pfeffer und Salz würzen. Die Mischung in die Eier geben. Die Eiercreme in eine Spritztüte füllen und auf die Füllung spritzen. Mit etwas Tomatenmischung dekorieren. Den Kopfsalat in feine Streifen schneiden und auf einem Teller in die Mitte ein Salatnest setzen. Die Eier darauf anrichten und ringsum mit Kresse garnieren.

35. *Sardellen-Eier*

·8 Eier
·40 g Butter
·1 Glas Sardellenfilets
·1 TL gehackte Petersilie
·2 EL Kapern

(Für 4 Personen)

Die Eier in sprudelndem Wasser ca. 10 Minuten hart kochen, abschrecken und abkühlen lassen. Dann halbieren und die Eigelb durch ein grobes Metallsieb in eine Schüssel drücken. Mit der weichen Butter zu einer glatten Creme verrühren. Die Sardellenfilets unter fließendem Wasser abspülen, fein hacken und mit der ebenfalls sehr fein gehackten Petersilie vermischen. Dann die Sardellen mit der Eibutter gut vermengen, diese in einen Spritzbeutel füllen und die Creme in die Eiweißhälften spritzen. Mit Kapern garniert servieren.

36. *Eier mit Räucherlachs*

· **8 Eier**
· **40 g Butter**
· **100 g Räucherlachs**
· **1 Messerspitze Meerrettich**
· **1 kleines Gläschen Deutscher Kaviar**
· **ein paar Stängel Petersilie und Dill zum Garnieren**

(Für 4 Personen)

Die Eier in sprudelndem Wasser ca. 10 Minuten hart kochen, abschrecken und abkühlen lassen. Dann halbieren und die Eigelb durch ein grobes Metallsieb in eine Schüssel drücken. Mit der weichen Butter zu einer glatten Creme verrühren.

Den Räucherlachs fein hacken und unter die Eicreme mischen. Mit ein paar Tropfen Worcestersauce und ein wenig Meerrettich abschmecken, die Creme in einen Spritzbeutel füllen und in die Eiweißhälften füllen. Die Eier mit dem Kaviar garnieren und mit Petersilie und Dill umlegt servieren.

37. *Überbackene Eier*

· 4 Eier
· 80 g Gouda
· 80 g gekochter Schinken
· 10 g Butter
· 75 g Sahne
· 1 EL Schnittlauchröllchen
· Salz, Pfeffer

(Für 4 Personen)

Backofen auf 200 °C vorheizen.

Den Käse und den Schinken in gleich große Würfel schneiden. Vier kleine Auflaufförmchen mit Butter ausstreichen und den Käse-Schinken hineingeben. Die Sahne mit Salz und Pfeffer würzen, erhitzen und auf die Förmchen verteilen. Je ein frisches Ei in eine Form aufschlagen (nicht verrühren!), mit Schnittlauchröllchen bestreuen und mit Alufolie abdecken. Die Förmchen in eine feuerfeste Form, die fingerbreit mit Wasser gefüllt ist, stellen und im vorgeheizten Ofen 10-12 Minuten gar ziehen lassen und warm servieren.

38. Tomatensuppe mit pochierten Eiern

- 4 Eier
- 1 große Dose geschälte Tomaten
- 3 EL Tomatenmark
- 1/2 l Gemüsebrühe
- 1 EL Zucker
- 1 TL Aceto balsamico
- 5 EL Essig
- 1 Becher saure Sahne
- 1/2 Bund Thymian
- Salz, Pfeffer

(Für 4 Personen)

Die Tomaten zerschneiden und mit dem Saft aus der Dose, dem Tomatenmark und der Gemüsebrühe auf kleiner Flamme köcheln lassen. Dann pürieren und mit Salz, Pfeffer, Zucker und Aceto balsamico abschmecken. Nochmals die Tomatensuppe erwärmen. In einem anderen Topf den Essig mit 1 l Wasser aufkochen. Die Eier einzeln in einer Tasse aufschlagen und jeweils in das siedende (nicht kochende) Essigwasser gleiten lassen. Die Eier etwa 5 Minuten ziehen lassen, herausnehmen und abtropfen lassen. Die Suppe mit der sauren Sahne verrühren und mit den pochierten Eiern in Teller füllen. Mit Thymianblättern bestreut servieren.

39. *Kerbelsuppe mit Ei*

- 4 Eier
- 2 Eigelb
- 2 Bund Kerbel
- 2 kleine Zwiebeln
- 400 ml Hühnerbrühe
- 1 EL Butter
- 1 Becher Sahne
- 1/2 Becher saure Sahne
- 1 Prise Zucker
- 1 TL Zitronensaft
- Salz, Pfeffer

(Für 4 Personen)

Die vier Eier in kochendes Wasser geben, 10 Minuten kochen lassen, mit kaltem Wasser abschrecken und schälen. Die Zwiebeln schälen, klein hacken und in einem mit Butter gefetteten Topf andünsten. Die Hühnerbrühe, die Sahne und die saure Sahne zugeben und aufkochen lassen. Mit Salz und Pfeffer würzen und mit Zucker und Zitronensaft abschmecken. Den Kerbel waschen, etwas davon für die Garnitur zurücklegen, den Rest hacken und in die Suppe geben, aber nicht mehr kochen lassen. Zwei Eigelb mit etwas Suppe vermischen und in die restliche Suppe unterrühren. Die hart gekochten Eier am besten mit einem Eierschneider in dünne Scheiben schneiden. Die Suppe in Teller füllen und mit Eischeiben und Kerbel garniert servieren.

40. *Bunter Eiersalat*

- 4 Eier
- 150 g Weintrauben
- 200 g Salatmayonnaise
- 125 g Quark
- 1 Glas eingelegter Spargel
- 1 grüner Salat
- 1 Dose Mandarinen
- 1 TL Zitronensaft
- 1 EL Schnittlauchröllchen
- 1 EL gehackte Petersilie
- etwas Zucker
- Salz, Pfeffer

(Für 4 Personen)

Die Eier in kochendem Wasser 10 Minuten hart kochen, mit kaltem Wasser abschrecken, pellen und in Scheiben schneiden. Den Schinken in Würfel schneiden. Mandarinen und Spargel aus der Dose gut abtropfen lassen und klein schneiden. Die Salatmayonnaise und den Quark gut verrühren und mit den Kräutern, Salz und Pfeffer würzen. Zitronensaft zugeben und mit etwas Zucker abschmecken. Eier, Schinken, Weintrauben, Spargel und die Mandarinen vorsichtig unter die Sauce geben. Cocktailgläser mit gewaschenen und abgetropften Blättern vom grünen Salat auslegen und den Salat einfüllen.

Hauptgerichte

Ob zu Fisch, Fleisch oder Gemüse – Eier passen zu allen wichtigen Zutaten der europäischen Küche. Lassen Sie sich inspirieren und probieren Sie aus, wozu Ihnen Eier am besten schmecken!

41. *Spinat mit Spiegelei*

- 6 Eier
- 600 g TK-Blattspinat
- 400 g Kartoffeln
- 20 g Butter
- 1 EL Öl
- 1/2 Zwiebel
- Salz, Pfeffer

(Für 4 Personen)

Der tiefgefrorene Spinat muss vor der Verarbeitung rechtzeitig aufgetaut werden und das Wasser gut herausgedrückt werden. Kartoffeln waschen und in einem Wassertopf mit der Schale zu Pellkartoffeln gar kochen. In einem anderen Topf das Öl erhitzen. Die Zwiebel pellen, fein würfeln und glasig dünsten. Den Spinat hinzufügen und so lange erhitzen, bis die Blätter etwas zusammenfallen. Mit Pfeffer und Salz würzen. Dann die Pellkartoffeln pellen und warm stellen. In einer beschichteten Pfanne die Butter erhitzen, die Eier einschlagen und bei mittlerer Hitze braten. Mit Pfeffer und Salz würzen. Pellkartoffeln mit Spinat und Spiegelei auf den Tellern anrichten.

42. *Eierfrikassee*

- 6 Eier
- 30 g Butter
- 30 g Mehl
- 1/2 l Milch
- 125 g Kräuterschmelzkäse
- 125 g gekochter Schinken
- 2 EL gehackte Petersilie
- 1 EL Schnittlauchröllchen
- Salz, Pfeffer

(Für 4 Personen)

Die Eier in kochendem Wasser 10 Minuten hart kochen, mit kaltem Wasser abschrecken und pellen. Die Butter in einer Kasserolle erhitzen, Mehl darin andünsten, mit der Hälfte der Milch ablöschen. Den Käse unterrühren, die restliche Milch hinzufügen und aufkochen. Die Kräuter dazugeben und die Sauce mit Salz und Pfeffer abschmecken. Den Schinken in Würfel, die Eier in Achtel schneiden, in die Sauce geben und heiß werden lassen. Nochmals mit Salz und Pfeffer abschmecken. Dazu reicht man Reis.

43. *Curry-Eier*

- 8 frische Eier
- 1 Zwiebel
- 30 g Butter
- 35 g Mehl
- 1/2 l Hühnerbrühe
- 125 ml Sahne
- gehäufter TL Currypulver
- Salz
- 1 Prise Zucker
- 15 gehackte Mandeln
- 1 EL Essig

(Für 4 Personen)

Die Zwiebel fein würfeln, in Butter andünsten, das Mehl dazugeben und andünsten. Mit Brühe und Sahne auffüllen und gut durchkochen lassen. Dann mit Curry, Salz und Zucker abschmecken. Zuletzt die Mandeln hinzufügen. Einen Liter Wasser erhitzen und den Essig und einen halben TL Salz zugeben. Die Eier einzeln in eine Tasse schlagen und in das schwach kochende Salz-Essig-Wasser gleiten lassen (dabei den Topf kurz von der Kochstelle nehmen). Die Eier 2 Minuten garen, mit der Schaumkelle herausnehmen und in der Currysoße anrichten. Dazu passt am besten ein Reisrand.

44. *Eier in Käse-Kräuter-Sauce*

·8 Eier *(Für 4 Personen)*

·1 Eigelb
·1/2 Bund Schnittlauch
·1/2 Bund Petersilie
·1-2 Zweige Dill
·250 ml Gemüsebrühe
·250 ml Milch
·100 g Doppelrahm-frischkäse
·2 EL süße Sahne
·Salz, Pfeffer

Die Kräuter waschen, abtropfen lassen und fein wiegen. Die Brühe und die Milch aufkochen, den Käse in Stücke teilen, einrühren und die Kräuter zugeben.Wenn der Käse aufgelöst ist, das mit Sahne verquirlte Eigelb mit dem Schneebesen unterziehen. Die Sauce abschmecken und warm halten. Die Eier 5-6 Minuten wachsweich kochen, abschrecken, pellen und halbieren. Die Eier auf tiefe Teller setzen und die Sauce darauf verteilen. Zu diesem Eiergericht passen besonders gut Salzkartoffeln.

45. *Türkische Eier*

- 6 Eier
- 150 g Joghurt
- Knoblauch
- 2 TL Zitronensaft
- Pfeffer, Salz
- 1 Prise Zucker
- Cayennepfeffer
- 20 g Butter
- Paprikapulver
- 1 TL Salz
- 1/8 l Essig
- 1 Prise Zucker
- 1 Lorbeerblatt
- 1/2 TL Nelken
- 1/2 TL Pfefferkörner, schwarz
- 10 Pfefferminzblätter

(Für 4 Personen)

Für verlorene Eier auf türkische Art sollte man nur sehr frische Eier verwenden. Den Joghurt mit den beiden fein gehackten Knoblauchzehen und dem Zitronensaft verrühren. Mit Pfeffer, Salz, Zucker und Cayennepfeffer abschmecken und auf die Teller geben. Die Butter in einem Topf auf kleiner Hitze zerlaufen lassen und ca. 1 TL Paprikapulver einrühren. 1 Liter Wasser mit 1 TL Salz, dem Essig, etwas Zucker und den Gewürzen in einem Topf 8-10 Minuten köcheln lassen. Der Sud sollte kurz unter dem Siedepunkt bleiben. Die Gewürze mit einer Schaumkelle entfernen. Dann die Eier einzeln in eine Tasse schlagen und vorsichtig in den Sud gleiten lassen. Nicht mehr als drei Eier gleichzeitig garen. Nach ca. 3 Minuten die pochierten Eier mit einer Schaumkelle herausheben. Die Eier auf der Joghurtsauce anrichten und mit der Paprikabutter beträufeln. Mit den frischen Pfefferminzblättern bestreuen. Dazu Fladenbrot oder Baguette reichen.

46. *Senf-Eier in Speckstippe*

(Für 4 Personen)

- 200 g durchwachsene Speckwürfel
- 2 kleine Zwiebeln
- 75 g Butter
- 80 g Mehl
- 2 EL gekörnte Brühe
- Senf (je nach Geschmack)
- Zucker
- 8 Eier

Die Zwiebeln schälen und würfeln und zusammen mit dem Speck in der Butter auslassen. Wenn beides knusprig ist, mit Mehl bestäuben und nochmals etwas einbrennen lassen. Dann alles mit ca. 1 l Wasser auffüllen und nach dem Aufkochen die gekörnte Brühe dazugeben. Senf je nach Bedarf und Geschmack hinzufügen und mit Zucker abschmecken. Die Eier hart kochen, pellen und in die Sauce geben.

47. *Gefüllter Hackbraten*

FÜR DEN TEIG:

(Für 4 Personen)

- 2 Eier
- 1 Brötchen
- 1 Zwiebel
- 1 Knoblauchzehe
- 750 g gemischtes Hackfleisch
- Paprikapulver
- Salz, Pfeffer

Den Backofen auf 225 °C vorheizen.

Das Brötchen wird eine Stunde vorher in Wasser aufgeweicht und gut ausgedrückt. Die Zwiebel und die Knoblauchzehe schälen, die Zwiebel in Würfel schneiden und den Knoblauch mit einer Knoblauchpresse zerdrücken.

Das ausgedrückte Brötchen mit Hackfleisch, Zwiebel, Knoblauch und aufgeschlagenen Eiern zu einem glatten Teig verkneten. Diesen mit Salz, Pfeffer und Paprika würzen.

FÜR DIE FÜLLUNG:
- **2 hart gekochte Eier**
- **1 gelbe Paprikaschote**
- **1 Frühlingszwiebel**
- **1 Bund Petersilie**
- **5 Scheiben Schinkenspeck**
- **Salz, Pfeffer**
- **Butter zum Einfetten**

Für die Füllung die Eier in kochendem Wasser ca. 10 Minuten hart kochen, mit kaltem Wasser abschrecken, pellen und würfeln. Die Zwiebel schälen und in Ringe schneiden. Die Petersilie waschen und fein hacken. Alle Zutaten der Füllung gut miteinander vermengen und mit Salz und Pfeffer abschmecken. Die Hälfte des Hackfleischteiges in eine gefettete Form geben, die Füllung darauf verteilen und mit dem restlichen Fleischteig bedecken. Zum Schluss den Hackbraten mit Schinkenspeckscheiben belegen. Die Form mit Folie abdecken und in den Backofen geben. Nach ca. 50 Minuten die Folie entfernen und nochmals ca. 20 Minuten backen, bis der Teig durch und der Schinken knusprig ist.

48. *Eierauflauf*

- 6 Eier
- 1 Tasse Milch
- 3 EL Butter
- 3 EL Mehl
- 1 Becher süße Sahne
- 1 EL gehackte Petersilie
- 1 TL Kapern
- Salz und Pfeffer
- Butter zum Einfetten

(Für 4 Personen)

Den Backofen auf 180 °C vorheizen.

Die Milch kurz abkochen. Die Butter schaumig rühren und das Mehl, die abgekochte Milch und die Sahne hinzufügen und alles gut umrühren. Die Mischung ins Wasserbad geben und ca. 3 Minuten kochen lassen. Eier trennen und das Eigelb zu der Masse hinzufügen. Alles ordentlich quirlen, bis die Masse dick wird. Vom Herd nehmen und die Gewürze, die Petersilie und die Kapern untermischen. Zum Schluss das steif geschlagene Eiweiß unterheben. Eine Auflaufform mit Butter ausreiben und die Masse einfüllen. Eine Pfanne, die größer ist als die Auflaufform, mit Wasser füllen und die Form dort hineinstellen. Bei 180° C backen.

Süßspeisen

Selbstverständlich lassen sich Eier auch zu Köstlichkeiten für Süßmäuler verarbeiten. Die cremige Konsistenz geschlagenen Eigelbs bildet eine hervorragende Grundlage für Dessertspeisen aller Art.

49. *Vanillecreme*

- 4 Eier
- 60 g Puderzucker
- 2 Pckg. Vanillezucker
- 1/4 l Milch
- 1,5 TL Kartoffelstärke (Gustin o.ä.)

(Für 4 Personen)

Die Eier mit dem Puderzucker und dem Vanillezucker schaumig schlagen. Die Stärke in der Milch auflösen; dann die Milch in den Eierschaum rühren. Alles in einem Topf bei kleinster Hitze erwärmen und unter ständigem Rühren zu einer Creme verarbeiten. Dann vom Feuer nehmen und abkühlen lassen. Wer keine Haut obendrauf mag, rührt während des Abkühlens ab und zu nochmals um.

50. *Bunte Eiercreme*

· **8 Eier**
· **200 g Puderzucker**
· **1/2 l Zitronenwasser (Wasser mit Saft von 1/2 Zitrone vermischt)**
· **2 EL Schokolikör**
· **6 EL Schokosplitter**
· **Bunte Streusel zum Verzieren**

(Für 4 Personen)

Die Eier in einem Topf bei geringer Hitze schaumig schlagen, den Puderzucker hinzufügen und weiterrühren. Nach und nach das Zitronenwasser hinzufügen und so lange weiterschlagen, bis die schaumige Masse ihr Volumen verdoppelt hat.

Die Hälfte der Creme auf 4 gläserne Dessertschälchen verteilen und je 1 EL Schokosplitter darauf streuen. Die andere Hälfte der Creme mit dem Likör vermischen und darauf geben. Mit den restlichen Schokosplittern und den Streuseln verzieren.

51. *Zimtparfait (Halbgefrorenes)*

Mindestens 5 Stunden vor dem Servieren zubereiten. Ein Parfait kann man natürlich mit allen möglichen Geschmacksnoten zubereiten – Orangen, Vanille, Schokolade etc. Als Beilage kann man in Wein oder Rum eingelegte Früchte, einen Biskuitkuchen oder auch Kekse reichen.

- 4 Eigelb (Für 4 Personen)
- 100 g Puderzucker
- 1 TL gemahlener Zimt
- 2 EL Cognac
- 300 ml Schlagsahne

Die Eigelb hellgelb rühren, den Puderzucker und den Zimt dazugeben und weiterrühren, bis die Masse dick ist. Den Cognac hinzugeben und die steif geschlagene Schlagsahne darunter heben. In eine Schüssel füllen und 4 Stunden lang ins Tiefkühlfach stellen. 1 Stunde vor dem Servieren in den normalen Kühlschrank stellen.

52. *Mousse au Chocolat*

Mindestens 4 Stunden vor dem Servieren zubereiten und kalt stellen.

- 4 Eier (Für 4 Personen)
- 50 g Puderzucker
- 1 Schuss Cognac
- 50 g Butter
- 150 g bittere Schokolade
- 1/2 Tasse Espresso
- 300 ml Schlagsahne

Die Butter, die zerbröselte Schokolade und den Espresso zusammen in eine feuerfeste Schüssel geben und bei 80 °C im Backofen behutsam erhitzen, bis die Schokolade geschmolzen ist. Währenddessen die 4 Eigelb schaumig schlagen, mit dem Puderzucker verrühren und den Cognac hinzugeben. Danach die geschmolzene Schokoladenmasse darunter rühren. Die Sahne sehr steif schlagen und unterheben. Zum Schluss 2 Eiweiß steif schlagen und unterheben.

 61 SÜSSSPEISEN

53. *Eierpudding*

· 70 g Butter
· 5 EL Puderzucker
· 4 Eier
· 250 ml Schlagsahne
· 50 g gehackte Nüsse

(Für 4 Personen)

Die Butter mit dem Zucker in einem kleinen Topf erhitzen, bis der Zucker karamellisiert. Die Eier mit der Sahne schaumig schlagen, dann den gebräunten Zucker unterrühren. Die gehackten Nüsse unterheben. Die Masse in eine feuerfeste, gebutterte Form füllen. Mit Alufolie bedecken und 30 Minuten lang in einem heißen, aber nicht kochenden Wasserbad stehen lassen, bis der Pudding stockt.

54. *Eierschaumpflaumen*

· 500 g Pflaumen
(frisch oder eingelegt)
· 3 Eier
· 3 EL Puderzucker
· 5 EL Rum
· Kokosraspeln
· 1 Pckg. Vanillezucker

(Für 4 Personen)

Die trocken getupften, halbierten, entkernten Pflaumen auf 4 Dessertschälchen verteilen. Die Eiweiß steif schlagen und nach und nach 1 EL Puderzucker unterrühren. Die Eigelb mit dem restlichen Puderzucker und dem Rum cremig rühren und dann den Eischnee unterziehen. Auf die Pflaumen geben und Koskosraspeln und Vanillezucker darüber streuen.

55. *Zabaglione (Weinschaumcreme)*

· 4 Eigelb
· 50 g Puderzucker
· 8 EL Marsalawein
(oder anderer Likör)
· geriebene
Schokolade zum
Dekorieren

(Für 4 Personen)

Die Eigelb mit dem Zucker über einem Heißwasserbad schaumig schlagen, nach und nach den Marsala hinzugeben und insgesamt 8-10 Minuten schlagen. Die Creme ein wenig abkühlen lassen, dann in 4 Sektschalen oder Weingläser geben, mit der Schokolade dekorieren und noch warm servieren.

Kleines Format, große Rezepte: *Aldidente mini*

3-8218-4821-9

3-8218-4854-5

3-8218-4853-7

3-8218-4827-8

3-8218-3753-5

3-8218-4851-0

Jeder Band
broschiert · 64 Seiten
€ 2,99 (D) · sFr 5,90

 Eichborn.
Kaiserstraße 66
60329 Frankfurt
Telefon: 069 / 25 60 03-0
Fax: 069 / 25 60 03-30
www.eichborn.de

Wir schicken Ihnen gern ein Verlagsverzeichnis.